CONVERSACIONES CON SÍSIFO

Andreas Fuskarinis

CONVERSACIONES CON SÍSIFO

Traducción
José Antonio Moreno Jurado

EL ÁRBOL DE LA LUZ
69
ΤΟ ΦΩΤΟΔΕΝΤΡΟ

Padilla Libros Editorial y Librería
Sevilla 2025

C O L E C C I Ó N
P O É T I C A
D E A U T O R E S G R I E G O S
C O N T E M P O R Á N E O S
E L Á R B O L D E L A L U Z
T O   Φ Ω Τ Ο Δ Ε Ν Τ Ρ Ο
N.º 69

Título original: *Κουβέντες με τον Σίσυφο*

© de los poemas: Andreas Fuskarinis

© de la traducción: José Antonio Moreno Jurado
© de la presente edición: Padilla Libros

ISBN: 978-84-8434-818-4   D. Legal: SE 511-2025

1.ª impresión, marzo de 2025

Padilla Libros Editores y Libreros
C/ Trajano n.º 18. 41002 Sevilla (España)
editorial@padillalibros.com

Impreso en Podiprint
Impreso en España – Printed in Spain

CALLES SIN SALIDA

Una luna tísica,
Amarilla, pálida,
Cubrió toda la noche.
Sabor amargo, tristeza,
Alejados los años difíciles de la juventud,
Los años difíciles que llegan
Inseguros y tristes.
Quizás catastróficos también.
Única solución, la huida.
Pero ¿a dónde?
Los caminos cerrados hace tiempo
Y yo solo en medio del mar abierto
En barca sin remo,
Solo, desesperadamente solo.
¿Volarás? Imposible. Alas cortadas.
Entonces ¿a dónde irás? Y ¿por qué?
Todas las calles entonces sin salida,
Tabicadas, cerradas para siempre.
¡Paciencia! ¡Paciencia! ¡Paciencia!

ESCALERA DE CUERDA

Perdidos los esfuerzos de tantos años
Los cubrió el mar
Irrevocablemente.

El terror ya no te deja cantar.
Es hora de coger la espada
Y golpear sin piedad. Con pasión.
Ahora no sabes qué. El dónde y el por qué.
Sin embargo lo sabrás un día.

El sueño de la paz es la guerra
Y del pueblo un plato lleno,
La tumba brillante de los desaparecidos,
La comodidad de cada ciudad
Y el poeta solo en la playa
Hace años ahora
Llora su destino como Safo
Poco antes de suicidarse.

Según entonces, según
El abismo es más fácil que el edificio

Y más atractivo. En la escalera
Todos los escalones inservibles.
Sólo trozos de madera podrida. Nada más.
La nube, agua destilada que no se bebe.
Nos empaparon la cabeza.
Nos borraron la memoria y los viejos amores.
Todos somos puros como nunca. Pero inútiles.

Ya no recuerdo nada. Ni siquiera los puertos
O las estaciones que quedaron tras nosotros
        cuando viajamos sin interrupción.
Sólo los trenes que pasan por las noches
Sin detenerse junto a nosotros
Con sus vagones vacíos y destino desconocido
Se clavaron para siempre en nuestras almas.

YO Y EL OTRO

Deseo y pasión inmedible por la vida
En tierras siempre inhóspitas.
Allí donde el sol asa la piedra
Y se reseca la hierba.
Cómo quisiera, amigos míos, vivir
Sin la angustia del instante,
Sin la tristeza del día
Y el lamento de la noche,
El dolor y la desesperanza que nace
O el consumo irracional del tiempo.
¿Es? Sólo sé una cosa
Que nada sé realmente.

La vida es dura y difícil
Como nos dijo un poeta de otra generación.
Y yo ¿qué diré en la mía?
¿Acaso la elegí yo?

Dejadme tranquilo entonces
Me basta cuanto vi y escuché,

Cuanto sé y aprendí vagando en los extremos
     de la calles
Como un Ulises atormentado y mal criado.

IMÁGENES

Este resplandor que sale de su rostro
Brillante y espiral
Lo ilumina por doquier.
Y con él también a nosotros.
El poeta coge su bicicleta
Y comienza a subir la montaña jadeando
Sin pensar en absoluto
Que quizás no lo consiga al final.
Su trabajo es difícil, fatigoso, la bicicleta
Impide avanzar
Y así él mismo se pone delante y la arrastra
Cogiéndola con sus dos manos mientras yo
Acurrucado, como siempre, en la cavidad
De un árbol perenne
Cuento los mil males de mi destino
Los tantos miles de desgracias que tuve hasta
    hoy
y de cuantas tendré en el futuro.
La frecuente vuelta al pasado
Ya no me ayuda.
La vida no es una historia en folletos populares

O épica homérica para empezar
La narración in media res
Y después otra vez desde el principio, el
    medio,
Hasta encontrar el fin.
Duerme tranquilo entonces en tu vieja cavidad
Y quizás el tiempo trabaje un día para ti
Como también para muchos otros, lo que
Va a suceder sucederá
Incluso si no mueves tu dedo meñique
Así nos volveremos todos, como dice el poeta,
Marionetas japonesas, muñecas de plástico,
    sin alma,
Que alguien preparó desde el principio para
    moverse,
Presas de un destino temible e inexplicable
Peones sin voluntad de algún juego
Que aprendieron bien los jugadores, aunque
    juegan
Conducidos por cierta necesidad imbatible.
Debemos encontrar sus llaves un día
Quizás así encontremos también la callejuela
    que perdimos hasta ahora.

EPITAFIO DE UN TROGLODITA

Nací en el fondo de una grieta
En el rincón de un olivo
Me mudé únicamente
Cuanto me era imprescindible para vivir
Los años que pasaron.

Ahora os saludo, no tengo tumba
De madera o de mármol
Y palabras como estas
Con el aliento del aire
Atravesamos el universo
Sin coherencia y pensamiento.

EROS

¡Eros invencible en la batalla!
¿Cuántas veces fue vencido, poeta antiguo?
¿Acaso lo sabes?
¿Cuántas veces cogió un camino equivocado
y la batalla fue en otro sitio
en su completa ausencia?
La historia del hombre se compone
de batallas que nunca existieron,
algunas que imaginó lo formaron
y desde entonces arrastra su carcaza,
como el actor al final de su carrera
que espera que la muerte lo redima
del peso de una vida perseguida,
que ponga fin a los dilemas y las vueltas.
Definitivamente.
Y el amor en los vacíos de la memoria
actúa él mismo en el papel de lo invisible
cuando la multitud vuelve finalmente su
      atención a otro sitio.

APARICIÓN DE LA SOLEDAD
O EL BAILE DE LA MUERTE

Debemos cantar, me dijo,
Siempre cantar. Después se perdió del rostro
    de la Tierra.
Nadie volvió a verlo ya. Sólo
Una vez en los cuentos se escucha su nombre
Y se abren enormes agujeros al momento
Negros, negrísimos
Con interminables crujidos. Y entonces
Lo vemos emerger brillantísimo
Y con su pene desnudo y resplandeciente.
Entonces exactamente encuentro yo también la
ocasión de arrastrarte por la cintura
Como Zeus a Ganimedes o a Leto, a Europa
Y tiembla tu cuerpo y arde
Cuando la matriz acepta con alegría el regalo.

. . . .

Es que no sabes cuándo baila
La Muerte. ¿No puedes saber

Si la Vida es Muerte?
Te desgarras.
Y cuando lo sabes, es tarde. Muy tarde.

EL DESARROLLO DE LA COSAS O LOS SUEÑOS SON ENGAÑOSOS

En el jardín del Museo Arqueológico de
	Atenas
Anda despreocupada una viejísima tortuga
Sin ningún esfuerzo, imagino.
¿Vio acaso la caída de la ciudad?
¿La pisotearon con ira inexplicable sus
	enemigos?
¿Incluso todas la duras batallas en Eleona y
	Fáliro,
La muerte de Odysseas Andrutsu
La retirada de los alemanes tras su
	Aplastamiento?
¿Las cenizas de nuestros sueños como nube de
	amargo humo en el cielo?
En Éfeso un campesino turco
Me mostró un día una moneda de oro, antigua,
Valiosa como parecía brillando al sol.
Del conquistador, me dijo y me mostró la
	figura brillante del rey.

Tómalo, dame sólo unas cuantas liras o
    dracmas, dólares,
Lo que gustes finalmente y es tuya. Y Éfeso,
Puerto adorado de Demetrio que un día lo
    traicionó.
Por la calle central, mano con mano,
    caminaron Antonio y Cleopatra.
Tenían vivas aún las ilusiones de su amor.
Hoy solamente unas pocas ruinas y el mar con
    el puerto
Sin existir ya. Campo interminable y fructífero
    en su lugar
Y ciénaga. La pierna se hunde hasta la rodilla
    en el fango.
El peso de la existencia inevitable y las piedras
    lo mismo, como dice el poeta,
Sólo monedas de oro, voces de turistas y el
    santo ausente de pasiones.
Así también las Termópilas, su estrecho
    pertenece ya a la historia
A Leónidas y a Diaco el ateniense.
Al Esperqueo que inunda de vez en cuando
    la llanura.

19

¡Cómo cambia todo de vez en cuando! Y
    siempre queda igual. ¡Inexplicable!
Entonces ¿cómo lo entenderá uno?
    ¿Comprenderlo? Una inmovilidad
    asfixiante en los ojos
Y en el alma una bruma como peplo gris. Y
    nosotros
Pasajeros insignificantes, investigadores de los
    pliegues oscuros de la existencia
Sin participar en todo lo que sucede a nuestro
    alrededor.
Caminamos solos como sombras, tristes y
    orgullosos
de nuestro brillante pasado, de nuestro oscuro
    futuro.
El engañoso peplo oculta las cosas a los ojos

Y el sol las inmaterializa antes de que las
    interpretemos. Somos como el taxista
Que lleva hasta su mujer a su amante
Y entonces confirma el desgraciado que la ha
    liado.
Así nosotros lo vemos todo también los últimos

Y algunos no ven en absoluto
Las cosas que dicen que cambian
Y quedan siempre iguales.

EL REGRESO DE ULISES

Se levanta Nausicaa y camina
Desnuda y resplandeciente
En la espuma de las olas que la rodean
En las oscuras grutas del viejo Paleocastritsa
Y lamen con placer indecible y satisfacción
La deseable hendidura de su sexo oscuro
Como el deseo lame opresivamente el cráneo
    del sabio,
La fuente oscura de sus pensamientos.
Ulises espera
Esclavo y humilde,
Monje con la vela en la mano
Iluminando con deseo y dolor
Los fondos hondamente azules de su amor
    inaccesible,
sus llanuras amenas, sus oscuras alturas, el
    fondo
Y especialmente las inesperadas agitaciones de
    su suelo.
Desgraciado Ulises,

¿qué fue entonces Ítaca para ti
Si defendiste a los feacios sin llamarte nadie
Con sus secas playas
Y la ética funesta de Penélope?
Homero, ¿cómo pudiste
Dejar que se pudriera
En su pueblo asolado?
Tanta salinidad el mar
No olvida con la jubilación
En los pobres campos de tu isla
Y en la habitación de tu deseada esposa.

ENCERRAMIENTO

El encerramiento se hizo
Con orden y coherencia
Eminentemente revolucionario.
Completa la organización y ejemplar la
    ejecución
De los deberes y las obligaciones de cada uno.
Y naturalmente
Gran e interesante enseñanza para
    generaciones venideras
de táctica revolucionaria y acción estratégica.
Hecho realmente digno de atención
No le faltó ningún detalle
A la conducción.
Cuantos al menos contienen
Los manuales relativos a las acciones
    revolucionarias de variadas direcciones.
Incluso en sus notas a pie de página,
El resultado
Fue el esperado
Y bastante espectacular.

Sólo no atendieron los encerramientos
A que el edificio estaba pronto a caerse
Y que el encerramiento
Ni siquiera hacía falta.
Así cuando apareció el bulldozer
Nadie protestó
Por no decir que nadie se informó a tiempo
Como en otras circunstancias análogas en el
    pasado.

LA SOLEDAD DEL TORERO

El torero
Sostiene al toro por los cuernos
El torero
Le clava en el corazón su espada
El torero
También está solo
Y si vive en mundos de belleza y grandeza
Y si vive en los gritos de la multitud cada día
Cosecha siempre su soledad
Como final y último resultado de sus actos.
Y está siempre solo
El torero.

LA SOLEDAD

La soledad
Está siempre aquí
Estos días inmóviles de encerramiento
Nadie y nada tiene el poder de expulsarla
La lengua puede decirlo todo
De dos mil maneras, entonces
¿lo hermético de la soledad?
La vida tiene fecha de caducidad
Sin embargo la soledad, no.

LA LUNA LLENA

Me preguntaste si vi la luna llena
Era la mayor luna que vimos jamás
En estos años en que vivimos, me dijiste y
    después yo
No vi nada, lo siento, te respondí
Hace tiempo que no veo semejantes cosas.
Aquí el mundo se pierde, no existe tiempo
    para eso.
Tú, viejo sueño, además pesadilla de hoy
Y la luna, una herida abierta
Con sangre en vez de luz
Que continuamente se infecta
Y baña nuestras almas de oscuridad
La ves entonces me volviste a preguntar con
    exaltación
Y sobra que me lo ocultes.

LA REPRESENTACIÓN

Todos la esperaban con impaciencia
Semejante representación no hubo nunca en
nuestra ciudad hasta entonces.
De semejante y tan grande interés.
Sin embargo, no se realizó entonces,
como muchas otras a continuación
porque la encargada
que todos esperábamos ver con deseo
nunca apareció
se transformó de pronto en pianista de época
    pasada.
Un osito tranquilo
cantó el himno
por la salvación de su especie.
Afortunadamente
el estreno de la exposición de máquinas del
    campo
había sido dos días antes con otros cargos
    oficiales.
Y con ella misma naturalmente.
Así su nombre

como era natural además
alcanzó a grabarse
en una gran columna de cemento
en la plaza principal de la ciudad
y la recordaremos para siempre.
Nosotros y cuantos vengan después
por los siglos de los siglos.

EL PAGO

De noche los sueños celebran orgías,
de día
la cabeza agachada
por el pan diario.
La moneda es falsa.
El pago a final del día
se cuenta con ahorro
en la antiquísima mesa de los cambistas.
El único pago noble y seguro
es la muerte.
¿Quién puede negárnosla?

LA CAÍDA DE LOS SUEÑOS
O LA MUERTE DE LOS VUELOS

El pavo real y Moctezuma
Digo
Tienen exactamente la misma procedencia
El mismo orgullo
La misma masculinidad
El mismo desdén
Por lo común y los comunes.

. . . .

Nosotros
Arrastramos líneas invisibles y emborronamos
    papeles blancos.
A nuestro lado pasa con gemidos que se oyen
    por doquier
El gran río de las lágrimas
Hendiendo con presunción inexplicable
Las hermosas llanuras que lo rodean.

Se levantan templos antiguos con miembros
    envejecidos,
Se abaten los puentes, se hunden las montañas
Se inundan los campos
Y nosotros
Ni vemos ni oímos ni sentimos nada
De cuanto sucede alrededor para nosotros sin
    nosotros
Ni tendemos la mano para ayudar
Al hombre que se ahoga desesperado
En el fondo de los pozos secos
O muere por la asfixia que le provocan
Los recuerdos de los pozos ciegos de nuestra
    ciudad
Y el ascenso del nivel de los deshechos de los
    hombres.

. . . .

Así se abaten los sueños en el sueño de la
    muerte.
Dejad que duerman para siempre.
No intentéis jamás despertarlos

Porque la pesadilla los acecha armada, como
    siempre,
Y nosotros, desnudos e indefensos como
    estamos
No vemos ni escuchamos nada.
Cada sentido nuestro está muerto. Y los
    sentimientos, lo mismo.
Imaginad, la tristeza de las cosas que nos
    rodea.

EL SILENCIO

Esta noche palpitaba el silencio
Como la cuerda de una mandolina rota
Y yo escuchaba con bastante deseo
Su estupendo ritmo.
Y después
Incliné mi cabeza con desesperación
Y me encerré para siempre en mi caparazón
Como la tortuga que tomó la decisión
De que llegó el momento de estar tranquila.
Número indeterminado de niños de la red y el
    móvil
Inundan otra vez el lugar.
Todo el mundo huye para siempre
Como si nunca estuviera presente,
Como si nunca estuviesen a su hora.
Pero
¿Así
Se acostumbra en nuestros días?
¿Para qué las controversias?
¿Para qué los apuros?
¿Las protestas sin finalidad?

ASAMBLEA

Se echaron a las calles las hordas de los
    bárbaros.
Sus cuerpos multicolores
taparon el sol del mediodía.
Gran oscuridad cubrió el universo
y la sombra de la muerte caminando alrededor
como candidato oportunista.
Los ojos de Helena se enturbiaron
al mirar directamente al sol
y se encendió otra vez la última llama.
Se volvió a ver la multitud reunida.
Id, les dijo,
la victoria es vuestra para siempre.
Entonces se disolvió la muchedumbre,
lanzaron el armamento pesado al río
y se arrojaron como locos
al baile pírrico de la muerte.

MARTIROLOGIO

Del mártir Polieucto y de san Eustratio.
¿Para qué tantos miles de mártires
e incluso terminar en martirio?
Al menos, existió.
¡A todos quizás
la corona de luz!
Sería, por consiguiente, cierto descanso
para algunos fieles
o, a fin de cuentas, cierto premio
sin que sepamos de qué brillante suerte.
Excepto, así y de otra manera,
el esfuerzo del día
como siempre
no confirmado y precario.

CAÍDA DE MILETO

Una vez los atenienses querían dormir
Tranquilos, sin demasiadas preocupaciones
Y festejar como siempre las Dionisias.
En la borrachera seguramente pero tranquilos
Sin pesadillas, preocupaciones y dolorosas
    culpas.
Y entonces llegó Frínico para perderlo todo,
Para pellizcarlos, mala mosca, en medio de la
fiesta,
El irreflexivo. Los despertó al presente,
Intentó despertarlos para que viesen su mal
    interior,
La desgracia que esparcieron en la lejana
    patria de los jonios.
Su castigo fue duro pero necesario,
Mil dracmas áticas y la completa destrucción
    de sus obras,
Exterminadora en extremo para un poeta
    ambicioso y capaz.
Hoy lo conocemos sólo como un nombre
Y a Mileto, lo mismo., un nombre solamente

Como también Esmirna después y tantas otras
   ciudades de Asia.
Y nada griego, pocas ruinas que recuerdan
Qué ocultaba ese nombre antiguamente.

NOCHES

Las noches son frías, heladas,
los ciclistas antes de la meta
desabrochan sus cordones y abandonan
    definitivamente el combate
completamente indiferentes a su terminación.
Los espectadores los esperan en vano para
    aclamarlos
según su firme táctica.
Otros hablan de combates enarbolados,
de reducción de los derechos,
de sagradas y santas
tradiciones de la nación y la raza.
El alitarco ha muerto, los jueces
estudian sus notas,
aquellos detalles que les permitan
una lucha sin atletas.
La noche se va, como es natural,
la luz del día disuelve la reunión.

Cada uno toma su camino ahora.
Hay algunos días bañados de sol

y te encierras en tu caparazón como la tortuga,
contando los días que pasaron,
las semanas, los meses, los años,
contando los días que te quedan aún,
para ser uno con las noches
que son frías, heladas, oscuras,

sin atletas, ciclistas, jueces, y público.
Por las noches en que tú también desatas tus
    cordones
y tocas por fin la meta
y cortas el hilo.
Vencedor o vencido ¿a quién le importa?

EL GITANO

Un gitano moreno
Como mi mal destino
Caminando por nuestro barrio
Como otros, en otro tiempo,
Da un fuerte puntapié a la gitana que lo sigue.
La hiere seriamente pero ella no habla,
Enseñada así desde hace siglos,
Ha perdido para siempre su voz.
Aterrorizados gorriones sus ojos
Vuelan indiferentes a la escena vacía del
    mundo
y rompen sus picos irremediablemente.
Todas las palabras pueden herirte
Sin embargo las últimas pueden matarte,
Explicó una vez un poeta de la decadencia.
Pero ¿quién lo escuchará y por qué?
¡Escucha, poeta de la decadencia! ¡Alegría al
    asunto!

EL TRIUNFO DEL
ESTRATEGA BELISARIO

Me encontré solo
En el triunfo del estratega Belisario
Tras su victoria contra los Vándalos
En la lejana África.
Los estandartes y las banderas ondeaban
    con orgullo
en las puntas de las lanzas cuando el viento las
    golpea con fuerza
Mientras la fija mirada del presidente de la
    Democracia
Degolla sin piedad
A dos mil hunos del rey Ulfilas.
El futuro invisible y temible,
Dijo el durmiente emocionado por el
    espectáculo
Teniendo en su cabeza a la reina Amalasunta
    de los ostrogodos
Y su baño rojo con la losetas rotas.
Los prisioneros atados en tres filas, en tres,

Reverencian de rodillas y esperan el momento
del juicio.
El hipódromo bulle por los gritos de los
Verdes y los Azules
Por las canciones doloridas de Rigas y el
lamento de Makriyianis
Ante los ropajes de abundante oro de los
emperadores y los patriarcas
Y sólo el senador Procopio,
Solo en un rincón
Vierte gota a gota su veneno
En el sexo gracioso de la gran Teodora.
Finalmente eso (y sólo eso)
Y no el esperma enfermo de Justiniano y
Belisario
Hendió los siglos como ríos subterráneos
Hasta nuestros días.

NUESTRA SOMBRA

El tiempo cambia rápidamente
Llega de pronto cierta ráfaga.
Con tanto nublado que se tendió
En el cielo y en nuestras almas
Tanto hielo por doquier
Se cristalizaron nuestras manos
¿Cómo medir nuestro dolor,
El tamaño de nuestras sombras?
Y dentro de eso ¿la distancia de la Tierra a la
    Luna?
¡A qué estorbos nos arrojaste para siempre,
    Eratóstenes!
Tenemos frío como débil perro,
Solos en la densa oscuridad y en la helada
Que nos cubre por doquier
Como almohadón de muerte.

CLAUDIO

Le decían retrasado y estúpido, tonto con
    casco
Y Augusto lo detestaba por sus muchas faltas.
Cada vez que lo veía ante él
Arrastrando con desesperación y miedo su pie
    enfermo
Cambiaba inmediatamente de rumbo
Que no ande jamás por mi palacio, ordenó,
Cuando doy yo mis vueltas para pensar.
Debo tener sangre fría cada vez que tomo
decisiones.
Así, Claudio vivió como estúpido,
Así como estúpido consiguió sentarse en el
    trono de los césares
Y vivió bastantes años como imperator
Aunque todos se mofaban de él por detrás
Y lo degradaban a escondidas para reírse.
El único de la familia de Livia además
Que sobrevivió a tantos peligros en el palacio
    asesino

Viviendo por lo que más deseaba su corazón,
Sólo la escritura.
Lo único que se le escapó, ay,
Lo único que no alcanzó a tiempo,
El profundo deseo de la joven Agripina
De ver a Nerón en su trono
Lo más rápidamente posible.

EL MUNDO Y SU FINALIDAD

Es hora de quedarnos dormidos para siempre
Los sueños que esperábamos
Tampoco los veremos este año
Ni nunca
Y las temibles pesadillas que nos rodearon
Nos tiranizarán siempre
El mundo
No sabrá jamás su finalidad
El destino que pensaba que tenía desde siempre.

EL CÍRCULO

¡Cuánto empequeñece el mundo que conozco!
¡Día a día se pierde!
Los hombres que conozco no existen ya,
Se van para siempre uno tras otro.
Dentro de poco viviré entre extranjeros,
Mi patria será completamente extraña.
Y yo ¿qué hago entonces?
Y cada vez que escucho
El lúgubre sonido de la campana
Pienso inmediatamente, como un día también
    Hemingway,
Que algún amigo cerró su círculo para siempre
Y llegó el momento de que se cierre el mío.
Lo inevitable de nuestro destino.

LA CUADRATURA DEL CÍRCULO

La cuadratura del círculo
Sufrió grandes cambios
En el comportamiento
De los cisnes de Andalucía.
Su semen
Se estanca muerto
En las aguas grises azules
Del Guadalquivir
Y Don Quijote
Fuera del mundo e inconstante
Sin su compañero y subordinado Sancho
No encuentra ya en su sitio a los molinos de
    viento.
Fueron sustituidos
Definitiva e impenitentemente
Por motores eléctricos
Alemanes.

EL BAILE DEL MEDIODÍA
O LA CAMISA VACÍA DE LA SERPIENTE

En los corazones de las costas
Se ocultan a menudo nuestros deseos,
Altísimos minaretes que lancean diariamente
La cavidad oscura del cielo que nos cubre,
Petardos con trayectorias
Muestran a todos la cima engañosa del placer,
El peso del dolor
En las células ocultas cuidadosamente del
    tiempo
Piden nuestros sueños su justicia,
Comensales insospechados invitados a la cena
    olímpica
Que ven con tristeza y aguante
El mar infinito de los invernaderos
Y los ríos inagotables de roquedales
Allí donde terminan siempre las pesadillas.

. . . .

Tras las dunas innumerables que relumbran
Bañados al sol de mediodía
Esperan tus deseos morderte como la
　　serpiente,
¡Miles son sus tentáculos, innumerables sus
　　manos y sus abrazos!
¿Cómo vas a evitarlo? ¡Y no puedes quererlo!
Una camisa de serpiente sólo queda al final en
　　la piedra,
Vacía de vida y frágil, como el cráneo del niño
　　pequeño.
No puedes ni tocarlo, se disolverá en un
　　instante.

． ． ． ． ． ． ． ． ． ． ． ． ． ． ． ．

El amor y la muerte bailan mano a mano el
　　pirriquio del placer
Acritas del mediodía, restos robustos de la
　　noche pasada
Y las muchachas en la plaza tienden sus manos
　　con éxtasis
Para abrazar al primer bailarín

Para apretarlo con lascivia y júbilo contra sus
    pechos jugosos,
Para frotarlo con deseo en sus tiernos pezones
Y recibir con escalofrío y gritos su semen
Como el más raro tesoro del siglo futuro
Para depositarlo en sus oscuras matrices.

. . . .

Se saturan de placer y de dolor
Y se sacuden como pez en tierra firme
Y nosotros alegrándonos en la verde hierba,
Adorando la gloria y la grandeza de la arena
Ocultos siempre en la sombra profunda y las
    ramas, tranquilos
Como la liebre que ve venir al cazador a
    dispararle
Glorificaremos como masturbadores siempre
    al primer bailarín.
En el siglo de siempre, ¡Campeón!
¡Gloria a ti! ¡Gloria a ti! ¡Aleluya!

EL TIEMPO Y EL POEMA

Cerrada para siempre la estación
Los trenes disueltos
Se vendieron como chatarra
A los encubridores.
Todo viaje invalidado.

Miras directamente al espejo
Y sólo ves
Tu imagen, tu sombra
Que te acompaña por doquier.
Ningún otro se encuentra a tu lado.

Oh, ¡cómo brilla el oro comestible!
Y lo mismo la lata
Cuando la pintamos bien
Con colores que brillan.

Una luz en la oscuridad
Y el dolor inexorable
No cesa un momento
De atormentarte.

Día, noche, mañana, tarde,
El tiempo pasa muy rápidamente
Pero el mundo es siempre el mismo
E invariable.
Nada cambia realmente

Te fuiste una noche oscurísima
Y las horas suenan desde entonces sin
    interrupción
Como reloj bien ajustado.
Ya no volverás
Y yo espero.

Tantos estudios
Y el poema se escapa,
Y el poeta lo mismo,
Y el mundo lo mismo,
Encerrado en su mundo.
Lo mismo que yo.

LAS MANCHAS

Las manchas en nuestra ropas
Se lavan fácilmente y sin ningún esfuerzo.
Es suficiente un buen detergente
Y un poco de frote de la ropa.
Las manchas en nuestras almas, sin embargo,
No desaparecen nunca
Por más que las frotemos,
Por más detergentes que utilicemos.
Desgraciadamente
No hay detergente apropiado para ellas.

MI CASA

Mi casa da al mar…
Cadáveres en flor, negra altamar
Esparcen por todos lados la cena en pie.
Mi casa da al jardín.
Cuerpos colgados bailan libremente,
Pequeñas floristas corren a la arena,
Gozan de sus cuerpos desnudos
Cuantos alcanzan a tender la mano
Y anclar
En la costa bañada de sol.

EROS QUE DISUELVE LOS MIEMBROS

I

Días enteros te veo
Disolverte
Y no puedo
Sostener tu mano.
Noches y noches
Cruzas como estrella
Al alba en que despierto
No te encuentro
A mi lado.

2

Momentos perdidos
De un dolor que pasó
De un placer
Que no vino.
Dime, ¿qué sientes
Cuando ves las estrellas
Caer por la noche

En las aguas inmóviles
Del lago?

3

Te amo
Como la desnudez de mi cuerpo
En primavera,
Como la ola que rompe con espumas
En las rocas de mi patria.
¿Qué puedes decirme
Del final del dolor interminable,
De la gran canción de la Primavera
En pleno invierno,
Tú, estrella brillante
Que no quieres darme
Tu cuerpo?

4

Mi cuerpo en tu cuerpo
Único instante de dolor y de placer
Que dura tan poco.

No pidas que te diga
Cuanto sabes.
¿Qué sentido tendría, en verdad,
Semejante descubrimiento
Cuando tanto te dicen mis manos
Diariamente?

5

Acepta, entonces, mi canción,
Tú, musa mía y Egeria mía,
Dulce Diatsenta,
Mujer,
Mujer mía.

EN EL REMOLINO DEL BAILE

En el remolino del baile
Dos grandes ojos te miraban
Y te fascinaban.

El mendigo en el extremo de la calle
Tiró su violín inmaterial
Y se perdió.

A LA ENTRADA DE LA FIESTA

Pequeñas gotas te regaban
A la entrada de la fiesta.
Eran tantos los momentos de placer
(Y de dolor)
Que se perdió su sentido
Como la moneda que cayó
En el extremo del guijarro.

OTOÑAL

La amarga canción y el gran dolor,
El ínfimo sobrante de nuestro corazón,
Y el mundo se esparce por doquier
Como las hojas del plátano de sombra
Con las primeras lluvias del otoño.

Escorpiones también nuestros versos,
        escorpiones,
Hendiduras sobre mármoles rotos,
Negrísimos ya por el paso de tantos años,
Trazan la línea blanca de la vida
Trazan la línea negra de la muerte.

ALGUIEN FUE TIROTEADO HOY

En nuestra época como en épocas pasadas,
Unos están en la llama y otros aplauden.
El poeta se divide entre los dos.
Takis Sinópulos

Alguien fue tiroteado hoy
Con sus mejores ropas
Como si fuese realmente fiesta
En la más céntrica plaza de la ciudad.
Como si fuese un desfile, digamos.
Así el olor de la gasolina
Se esparció a los cuatro puntos del horizonte,
Los tristes restos
De un corazón que se disolvió
Sin solución.
Estaba loco, no se explica de otra forma, dijo
    alguien
Dudando un poco seguramente, aunque lo dijo.
No, no, amó mucho,

Lo golpeó seguramente
Una bajita con gafas de miopía

Que extendía su cuerpo como arco para ver
Cuanto le ocultaban con toda indiferencia los
    más altos.
Así hacen por costumbre en Oriente
Observó un cierto intelectual
Y movió su cabeza con aceptación
Levantando continuamente sus gafas
Que caían a su nariz y le estorbaban
    inmensamente.
Y una vieja americana
Oh, it's fantastic, it's fantastic
Gritaba con entusiasmo
Y sacó innumerables fotografías de recuerdo
Para mostrarlas con satisfacción
A sus amigos en la patria lejana
Y el artista callejero
Que se encontró muy sintomáticamente
Y de cualquier forma fuera de su aguas,

Eh, tonto, dijo
Y cogió su camino
Indiferente a todo lo demás.
Con la esperada aparición de la policía

Todos se disolvieron al momento
Y quedó una mujer sola
Que se desgarraba
Sobre la ceniza.

El poeta
¿dónde estaba?

OPTIMISMO

Ayer tarde al crepúsculo pensaba
En los años que pasaron como agua,
Hoy en mi patio en el que me sentaba conseguí
ver la primera golondrina.

Días y noches mi alma helada
Y la vida en las redes de un abatimiento.
Estoy contigo pero estás herida,
Te lo digo, desde lo hondo del corazón.

Ahora que llegó la primera golondrina
Y volvió a construir su nuevo nido
Se disolverá inmediatamente la nieve helada

Y respirará nuestro dañado corazón
Y cualquier injusticia que nos hiere hasta
    ahora
se perderá lejos para siempre.

MARCHA A LO DESCONOCIDO

¿A dónde vamos descalzos entre espinas
Envueltos en negra oscuridad?
Es hora de quitarnos la mascarilla
La diaria aquella por la que todos nos conocen.
Pongámonos la otra, la roja,
La negra o la azul, la verde,
La desconocida al final por todos. Sólo
Atendamos a cuanto nos ponemos cada día.
Atendamos bien para no liarnos
Y nos líen los demás también
Cuando nos ponemos la mascarilla
    equivocada,
En el momento equivocado, en el lugar
    equivocado.
Y entonces… ¿quién sabe que ocurrirá
    entonces?

LOS POETAS

¿Qué hacen en nuestras vidas tantos poetas
  vivos o muertos?
Inundaron desde antiguo el espacio y dominan
  como arcontes eternos
En el vacío de poder.
Aíslo una imagen quizás oscura, el poeta
Miltos Sajturis
Vistiendo su vieja levita
Bajado del cielo al jardín de mi casa,
Blande con su mano derecha dos inmensos
  colmillos como arma
para golpear a las mariposas que acampaban
Sin permiso en las ramas secas de mis árboles.
Aunque sin éxito. El jardín se llenó de pájaros
  muertos
De todos los matices, principalmente rojos y
  negros.
Y yo, solo y desesperado, persigo el prodigio
  inasible,
Sufro por silabear lo que no puedo, perdido el
  tiempo,

Me dice otro poeta, perdido, Yorgís
  Pavlópulos,
Dando saltos como inhábil bailarín, perdido el
  tiempo,
Como si persiguieras tu ceniza y no la
  encuentras.
Nada germina de las cenizas, sólo el amor
Pero tú lo olvidaste, como tantas otras cosas.

Desde que se perdieron las palmeras, las aves
  míticas
Como también los de Tiro y Sidón,
Las iglesias caídas de Cartago y las grutas de
  los centauros
De Foloi y de Pilion, todo un palimpsesto
Que se escribe y vuelve a escribirse en las
  mismas tablillas.
Y Andreas Embirikos, solo y solitario,
Cabra salvaje que espía nuestra vida desde
  arriba, aúlla.
No existen prodigios en nuestros días y los
  milagreros

Son engañadores de pequeño rango. Increíbles.
Los únicos prodigios son los héroes
Aunque caminan siempre en la oscuridad
Como también nosotros
Envueltos siempre en nuestros miedos.

LAS CALLES SON PARA MORIRNOS

La noche negra, oscura, el camino estrecho, a derecha e izquierda, en la acera series dobles de árboles desnudos, secos. Caminaba con miedo entre ellos cuando observé que se movían rítmicamente, sin perder sus líneas, como exactamente los soldados entrenados en los ejercicios de exactitud que muestran en los desfiles oficiales, y la calle comenzó a estrecharse, a estrecharse, a estrecharse injustificada e inesperadamente. Sentía que me trituraría de un momento a otro, como las piedras Simplégades a los barcos de los argonautas.

La calle no es sólo para que caminemos, pensé espontáneamente, sino para escapar lejos o evadirnos, las calles no constituyen siempre y de cualquier forma la forma visible del concepto libertad, del concepto salvación, del concepto redención o, aunque sea, del concepto vida. Las calles son para morirnos, escuché un silbido terrible en mi oído, tan fuerte que casi me agujerea el tímpano, las calles son para morirnos, ¿no lo comprendiste aún?

Quise correr para escaparme, pero fue imposible, algo me mantenía clavado en el suelo, cerré los ojos para no ver las dos inmensas Simplégades que se movían a velocidad increíble sobre mí para aplastarme. Mis piernas seguían pegadas al suelo, como a un pantano que te traga y quedas perplejo. Me hundía, me hundía continuamente, mi cuerpo quedó cubierto al final por barro hasta el rostro. Apenas respiraba.

No sé qué pasó después, sólo recuerdo que mi voz tartamudeaba sin fuerza, las calles son para morirnos, las calles son para morirnos, las calles son para morirnos. ¿Cuántas veces te lo diré aún? Entiéndelo finalmente.

ÍNDICE

ÍNDICE